Du bist nicht alleine

Wie sich Depressionen anfühlen können

Du bist nicht alleine
Wie sich Depressionen anfühlen können

Hey, ich bin Sophie! Wenn du
dieses Buch in der Hand hältst und
liest, tut es mir leid, dich in diesem
„Club" willkommen zu heißen. Ein
„Club", in dem keiner gerne
Mitglied ist und doch sind wir so
viele.

Bitte sei in diesem Buch absolut ehrlich und bedenke deine
Grenzen um Trigger. Dieses Buch ist für Dich, du musst es
mit niemandem teilen.

Depressionen sind, ebenso wie andere psychische
Erkrankungen, sehr tückisch und gefährlich. Sie führen
häufig zu starken Problemen im Alltag, verändern dich und
dein Umfeld und führen leider nicht allzu selten auch zum
Tod. Doch, du, ja genau du, du hast mein Buch in der Hand
und das zeigt mir, dass wir gemeinsam einen Weg hier raus
finden, denn du bist nicht alleine!
Ich selbst leide seit Jahren an Depressionen und den damit
häufig einhergehenden Folgeerkrankungen und
Nebenwirkungen der vielen Medikamente, die an mir
getestet wurden, wie an einer Laborratte. Und genau da
liegt einer der Hauptprobleme um Depressionen zu heilen -
Die Gesellschaft. Ein verletztes Bein? Sieht man..
Schnupfen? Hört man... Kopfschmerzen? Siehst du nicht,
hatte aber jeder schon mal, also muss es sie geben.
Psychische Erkrankungen? Sieht man nicht, hört man nicht,
hatte noch nicht jeder und viele, die es haben verdrängen

es, also gibt es sie ja nicht. Die Anerkennung solcher komplexen und gefährlichen Erkrankungen ist viel zu niedrig. Was Menschen in einem auslösen, ob gewollt oder nicht, wenn sie dir ach so tolle Ratschläge geben und dir deine Erkrankung mit „schlechter Laune, Phase" oder „Probleme die jeder hat" vergleichen und dir damit implizieren, du wärst ja gar nicht krank, du musst nur mal wieder an die frische Luft, nur mal wieder arbeiten oder einfach mal wieder einen Rhythmus finden, genau damit schaden sie uns.

Das Wichtigste für eine Heilung oder Besserung ist es, die Krankheit ernst zu nehmen, anzuerkennen und gezielt nach individuellen und angepassten Lösungen zu suchen und dir nicht ein Medikament nach dem anderen geben, bis mal eines vorübergehend deine Stimmung aufhellt und wenn es nachlässt kommt das nächste oder man stell es einfach höher. NEIN! Medikamente können deinen Heilungsprozess definitiv unterstützen und positiv beeinflussen, aber das sollte nur der kleinste Teil der Behandlung sein und der Fokus sollte ganz klar auf Gesprächen, Unterstützung und gezielte Therapiemaßnahmen liegen.

Vorab zu mir und meiner Geschichte, bzw. die Gründe meiner Depression. Ich bin im Jahr 2000 geboren, ich bin aus unglaublicher Liebe entstanden, wie sie in einem Liebesdrama vorkommen kann. Mein Papa und meine Mama, ebenso meine Schwester, haben mir eine tolle Kindheit beschert. Ich bin dankbar für meine Familie. Doch als ich sieben Jahre alt war, starb meine Mama an Krebs. Wir waren, so jung und ich verstand nicht, wieso sie!? Ich selbst habe einiges vergeigt und stand in meinem Leben vor vielen Hürden, welche ich meistern musste. Es war oft schwer, die ständige Trauer, falsche „Freunde", Mobbing, Geldsorgen, Verlustängste u.s.w.

Viele schlechte Menschen kreuzten meinen Weg und weil ich immer dazu neige, das Beste in Menschen zu sehen, zog ich viel Mist an. Um Menschen zu gefallen, fing ich an, leise zu sein. Oft stimmte ich Dingen zu, die ich nicht wollte, aus Angst, meine Meinung könnte ein Problem sein. Ich selbst nahm mir meine Stimme und mein Selbstvertrauen.
Ich hatte einige traumatische Ereignisse und Schicksalsschläge. Dank meiner Familie und wenigen Menschen in meinem Umfeld konnte ich diese überstehen, doch verarbeitet habe ich so einiges nicht.
Ich trug eine lange Zeit Dinge mit mir herum, die ich hätte verarbeiten müssen, doch ich habe sie nur verdrängt und plötzlich, in einer sehr dunklen Phase meines Lebens, kam alles Verdrängte hoch und ich fiel in ein Loch.
Lange habe ich für Hilfe gekämpft und wurde nur hingehalten und mit Medikamenten vollgepumpt.
Dann endlich, ein Platz in einer Klinik. Anfangs war es schwer, doch ich lernte tolle Menschen kennen, die ich noch heute in meinem Herzen trage. Meine Medikamente wurden endlich umgestellt, so dass ich zufrieden war und ich hatte tolle Therapien, nahm endlich ab und einige der Nebenwirkungen der vorherigen Medikamente verschwanden. Doch irgendwann brachte es nichts mehr. Meine, mich betreuende, Ärztin in der Klinik nahm mich nicht mehr ernst, ich wurde nicht mehr gehört, hatte Heimweh und fühlte mich im Stich gelassen. Ich zog mich vermehrt zurück. Es wurden Versprechen gemacht, nicht eingehalten und das von ausgebildetem Personal. Doch einige Mitpatient*innen und Pfleger*innen motivierten mich und ich fand endlich meine Stimme wieder, ich sprach aus, was mich stört, stand immer öfter zu mir, meiner Meinung und meinen Gedanken. Nicht immer konnte ich es, doch als es mir in der Klinik immer schlechter ging und mir kein Arzt helfen wollte, sprach ich alles bei den betroffenen Personen aus und ging. Ich war also wieder daheim, mir

ging es schlechter als davor und dann... fing ich an, schrieb dieses Buch und fand selbst heraus, was mir gut tut, was mir hilft, habe Skills und Tricks getestet und habe mich mit guten Menschen umgeben und vermehrt erklärt und gesagt, was ich wann brauche, habe mein Umfeld aufgeklärt und Unterstützung zugelassen.

Ich bin immer noch depressiv, habe eine Angst- und Panikstörung und eine Störung meiner Impulskontrolle, wenig Selbstvertrauen, oft viel zu viele Gedanken und schlaflose Nächte. Habe eine unglaubliche Angst vor Menschenmengen, komme mit vielen Geräuschen nicht zurecht, kann weder Bus noch Bahn fahren, aber ich kämpfe dafür, ein „normales" Leben zu führen, gesund zu werden. Klar habe ich oft dunkle Momente, doch die guten und hellen werden immer mehr, mit jedem Schritt, den ich gehe, jedem Mut den ich neu fasse, um Dinge zu testen und meine Meinung äußere oder meine Gedanken mit guten Menschen bespreche. Meine Familie und meine Freunde geben immer ihr Bestes und sie unterstützen mich. Ich hatte anfangs große Probleme, mir und meinem Umfeld meine Situation und meine Diagnosen einzugestehen, doch ich muss sagen, es war das Beste, was ich hätte machen können. Mein Umfeld hat toll reagiert und sie stehen hinter mir. All diejenigen, die kein Verständnis für mich haben und mich nicht unterstützen, habe ich aussortiert. Ich bin sehr dankbar, zu wissen, auf wen ich mich verlassen kann und habe jetzt nur noch Menschen um mich herum, die es gut mit mir meinen.

So, jetzt hast du das ganze „Bla Bla" hinter dir. Kommen wir zu dem Buch. In diesem Buch siehst du Bilder und liest Texte über meine Erfahrungen, Gefühle, Ängste und meine ganz persönlichen Gedanken über die Depression und meine Situation. Du wirst auch ein paar Fragen gestellt bekommen, die du einfach nur für dich beantwortest und ich hoffe, du erkennst, dass du nicht alleine bist und ich dir helfen kann, dass du dich verstanden, aufgehoben und motiviert fühlst, deinen Weg aus den Depressionen zu finden! Ich glaube an dich!

(Gerne kannst du mir bei Fragen, Gedanken, Kritik oder Anregungen schreiben. Aber auch die Antworten auf die im Buch gestellten Fragen, kannst du mir gerne schicken und wir reden darüber, ich bin für dich da! Email: Sck.kunst@gmail.com, Instagram: sck.kunst)

Was passiert mit mir?

Kennst du das? Über Wochen oder gar Monate verändert sich etwas, du kannst es nicht wirklich verstehen und schon gar nicht benennen oder erklären. Irgendetwas ist anders, aber was? Dein Elan, deine Motivation, deine Hoffnung, deine Lust und vor allem dein Optimismus schwinden mit jedem Morgen, an dem dein Wecker klingelt und du aufstehen musst, mehr und mehr. Die Lust deine Liebsten zu sehen wird weniger, du kapselst dich ab, fühlst dich aber irgendwie allein gelassen. Du willst zugleich alleine sein und dennoch fühlst du dich einsam. Du hast keinen Appetit mehr? Deinen Alltag zu bewältigen wird zunehmend anstrengender, deine Energie wird weniger und du bist schnell erschöpft. Du könntest 16 Stunden schlafen und wärst immer noch müde. Deine Gedanken, deine Selbstwahrnehmung und dein Glaube an dich wird weniger.
Zum zweiten Mal diese Woche hast du die Wäsche in der Waschmaschine vergessen, schon wieder hast du den Abwasch nicht gemacht und staubgesaugt hast du auch noch nicht und dennoch hast du das Gefühl, du wärst einen Marathon gelaufen, weil du so energielos bist. Du bist erschöpft, müde und verurteilst dich selbst. Du wirst wütend gegen dich, zweifelst an dir und machst dir Vorwürfe, dass du nichts schaffen würdest.

Soll ich dir mal etwas sagen? Das ist okay! Hör auf, dir Vorwürfe zu machen. Du bist krank. Es ist okay, keine Motivation und keinen Antrieb mehr zu haben. Es ist in Ordnung, dass du keine Energie mehr hast.

Das Komplexe an Depressionen ist, dass sie bei jedem anders aussehen können, doch eines ist bei fast allen gleich, man will es am Anfang nicht wahrhaben. Man hört auf das, was das Umfeld einem sagt und redet sich ein, man wäre faul oder nutzlos, man wäre halt mal schlecht drauf oder das Wetter zieht einen halt runter, das vergeht schon wieder. Blödsinn! Streich die Gedanken. JETZT!

(1) Welche negativen Gedanken hast du über dich?

____

____

____

Jetzt hast du sie aufgeschrieben und streichst sie durch! Verbanne sie! Mal ein Feuer drüber, einen Windzug oder was auch immer. Zeige diesen Gedanken, zeige deinem Kopf, so nicht!

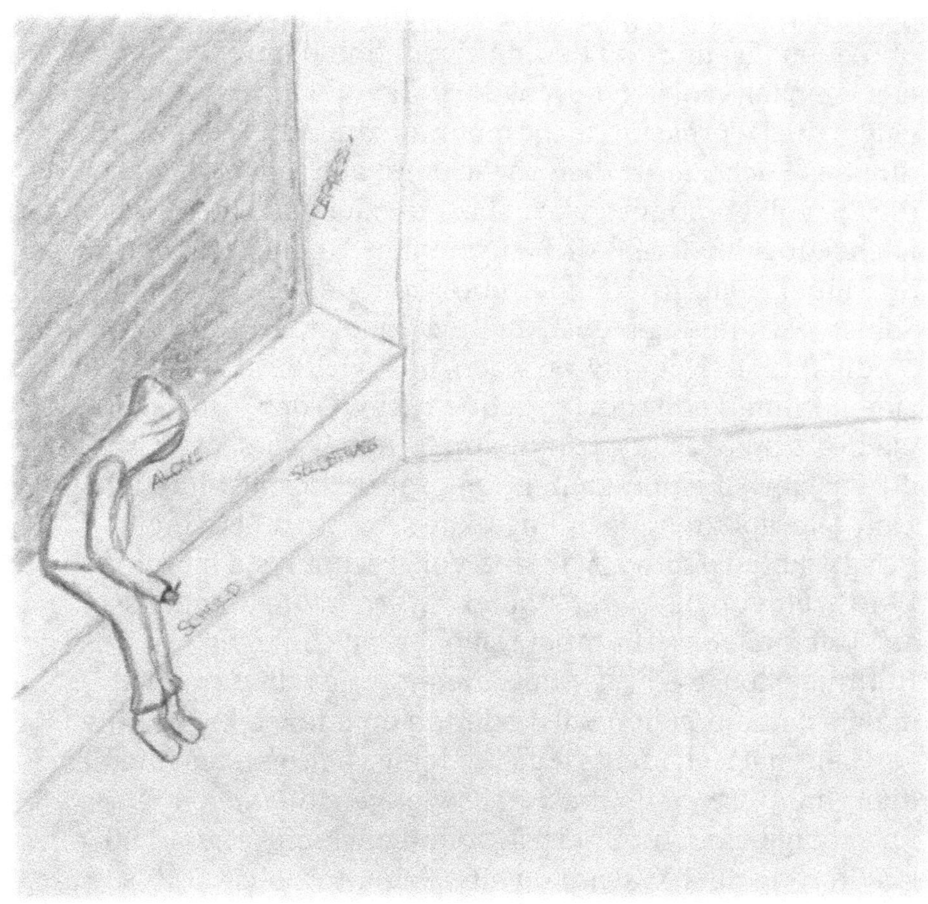

So, du nimmst also wahr, irgendetwas stimmt nicht, googelst (Riesenfehler), unterhältst dich mit Freunden, Bekannten oder der Familie, du suchst einen Arzt auf und schwups, du hast 100 Meinungen. Die ältere Generation sagt, du musst dich halt mehr bewegen, geh arbeiten, das hatte ich auch mal, das geht wieder weg, stell dich nicht so an und geh doch einfach öfter in die Sonne. Deine Freunde sagen, das wird schon wieder, alles gut, lass einfach mal wieder feiern oder was unternehmen und der Arzt hört dir nicht richtig zu und drückt dir einfach Rezepte in die Hand.

Du nimmst also irgendwelche „Stimmungsaufheller", gehst mehr in die Sonne, zwingst dich, den Haushalt zu machen und deine Freunde zu beschäftigen. Und dann? Du ziehst das ein paar Wochen durch, doch irgendwann kannst du gegen die Depression nicht mehr ankämpfen. Du fällst in ein dunkles Loch, ziehst dich zurück und alle sagen, du hast dich ja voll verändert, wieso hast du zu nichts mehr Lust? Lächel doch mal, reiß dich zusammen. Du merkst aber, wie du immer mehr im Kampf mit dir und deiner Selbstbestimmung stehst, an dir zweifelst, hast durch die Medikamente Nebenwirkungen, hast vielleicht zugenommen oder körperliche Beschwerden? Du gehst wieder zum Arzt, er stellt die Dosis höher oder verschreibt dir das nächste Medikament und sagst, du sollst halt mal zum Therapeuten. Doch Pustekuchen, Warteliste hier, privat zahlen da und „wir sind voll, rechnen sie mit einer Wartezeit von bis zu 6 Monaten" werden die Standardsätze am Telefon jedes Therapeuten oder Psychologen. Hoffnungslos fällst du immer tiefer, fragst dich, ob dir jemals jemand helfen wird oder ob du einfach keine Hilfe verdient hättest. Meidest große Menschenmengen, meidest dein Umfeld, weil du diese achso klugen, nutzlosen Ratschläge nicht mehr erträgst und auch nicht zum 100sten Mal hören willst, warum du eine Schnute ziehst.
(2) Was ist deine Top 10 der tollen Ratschläge?

Markiere den sinnlosesten in deiner Hassfarbe.

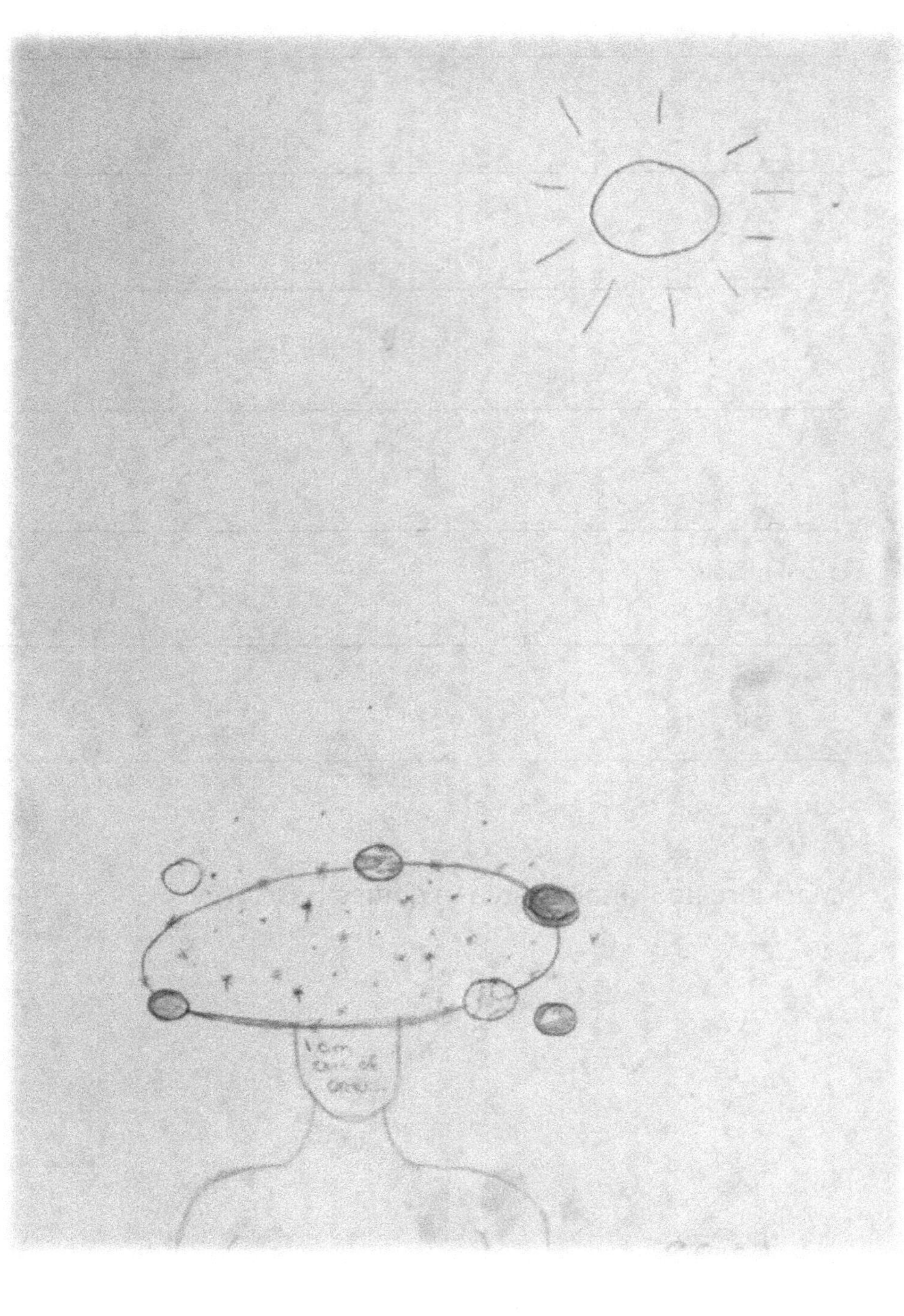

Alles wird grau, es fühlt sich an, als würdest du dein Leben
nur beobachten. Du bist deinen Emotionen so fern wie nie
und im nächsten Moment brodelt alles aus dir raus und du
kannst deine Emotionen nicht mehr kontrollieren.
Du fühlst dich, als wärst du verrückt, müsstest
durchdrehen. Wie sollst du da raus kommen?

Es wird immer schlimmer, du denkst darüber nach, wie du
die Gedanken ausschalten kannst, dein Kopf rattert den
ganzen Tag, du liegst die ganze Nacht wach, grübelst und
dein Kopf brummt. Wie soll das weiter gehen, wie schaffe
ich es, dass das aufhört? Du redest mit deinem Arzt, er
ändert deine Dosis und du bekommst noch ein Rezept für

Schlafmedikamente. Die Nebenwirkungen werden mehr oder schlimmer, du kriegst Angst vor bestimmten Situationen und kannst dich selbst nicht mehr einschätzen. Du schaust dir in die Augen und erkennst dich nicht wieder. Dein Spiegelbild...das bist nicht mehr du. Dein Kopf? Wie ferngesteuert. Dein Leben rennt an dir vorbei und zugleich vergehen Minuten wie Stunden. Alles ist langweilig, du bist sensibel und empfindlich. Du empfindest kaum bis gar keine Freude bei den Dingen, die du früher mal so gerne gemacht hast. Alles wird dunkel, du bist einsam und fühlst dich im Stich gelassen. Du willst dein Umfeld nicht belasten und deshalb wird der Satz „alles gut" zu deiner Standardantwort, wenn dich jemand fragt, was los ist und wie es dir geht. Du fühlst dich in deinem Körper und in deinem Kopf fremd, nichts scheint zu helfen, alles ist sinnlos. Du willst jemandem verständlich erklären, was in dir vorgeht und was mit dir passiert, doch keiner versteht dich, keiner hört dich, also wozu reden? Du verstehst dich ja selbst nicht mehr. Lieber mit sich selbst vereinbaren, oder? Nein! Rede mit mir!

Es ist wichtig zu verstehen, was gerade mit dir passiert, es ist wichtig, dein nahes Umfeld aufzuklären, damit man besser auf dich eingehen kann. Dein Umfeld soll sich informieren und mit dir sprechen, was für dich am besten ist. Sei ruhig mal egoistisch und sage konkret, wenn du etwas nicht willst und vordere ein, was dir gut tut. Setz dich durch.

Alles dunkel, du fühlst dich alleine.. fühlst dich klein und verstehst die Welt nicht mehr.. keine Angst, das vergeht.

Im Folgenden spreche ich eine Triggerwahrnung aus. Ich füge einen Text ein, den ich in der schlimmsten Phase meiner Depression geschrieben habe. Er trägt den schönen Titel „F*CK", das beschreibt mein Gefühl in dem Moment eigentlich perfekt.

„Fühle mich leer. Finde den Weg nicht.
Wo soll ich entlang? Durch den Dornenbusch oder den Schlamm? Alles dunkel, alles neblig. Es ist kalt. Ich sehe nichts.
Intention? Bauchgefühl? Fernab meiner Emotionen. Keine Gefühle.
Alleine. Wie geht es weiter, wo gehe ich lang?
Sehe keine Farbe, verstehe nicht, was los ist. Was soll ich denken, was soll ich fühlen.
Bin leer. Da ist nichts. Doch ein Lichtblick. Hell und immer klarer zu sehen, fühle den Ausweg. Fühle den Druck, ihn zu nehmen, doch weiß, ich darf dort nicht langgehen. Was hält mich zurück? Sind da etwa doch Emotionen oder werde ich gehalten?
Bin doch alleine.
Alles dunkel, alles leer. Einsam, ängstlich. Angst, die Emotion, die ich spüre. Sie überrollt mich. Stehe starr. Wo lang? Wo geht es hin? Der Ausweg wird immer verlockender, doch was dann? Leid bleibt zurück. Gedanken des Selbsthasses kommen.
„Tue es!", schreit die kleine Stimme.

Der Druck wird stärker. Das verlangen nach Schmerz
größer. Das erste Mal, dass ich etwas spüre. Ich spüre es, es
wird greifbar. Ist da etwas? Die Stimme lenkt mich. Gelenkt
durch meinen größten Feind: Mich selbst.

Ich bin immer noch auf halbem Weg ins Nirgendwo.
Ich bin heute noch ein Nichts und ein Niemand. Angst,
Druck, Selbsthass, Wut... das Einzige, was ich spüre. Sehe
den Ausweg. Mich von allen abkapseln, so dass ich keinem
schade. Oder doch? Was tun? Alles ist dunkel, beängstigend.
Lebenswille? Das kenne ich schon lange nicht mehr.
Gute Miene zum bösen Spiel, das ist mein Leben.
Versunken in 1000 Gedanken, doch keiner greifbar. Muss
mich ständig erklären und rechtfertigen, doch wie, wenn ich
es selbst nicht verstehe?
Soll meine Stimme erheben, doch sie wird stumm
geschaltet, bei jedem Versuch mich zu äußern. „Lach doch
mal, geh nach draußen, steh früh auf, mach dies, mach das..“
und dann? Die Gedanken bleiben, die Nächte werden
kürzer. Schlafen? Könnte ich 20h am Tag und wäre noch
müde. Doch dann bin ich faul. Darf nicht mehr auf mein
Körper hören, meine Gedanken werden klein geredet und
mein Bauchgefühl ist schon lange stumm gestellt.

Jeder weiß, was besser ist. Jeder weiß, was ich brauche.
Jeder will denken, er könnte mir helfen, doch wie? Zuhören
kann keiner. Euer Leben soll durch mich nicht
eingeschränkt werden. Möchte keinen belasten. Bleibe
einsam. Möchte meinen Kopf ausschalten. Schlaflose
Nächte, geplagt durch die Sehnsucht nach Stille. Soll ich
mein Licht endgültig ausschalten? Stehe am Abgrund.
Dränge mich dort hin, soll ich etwa springen?“
-Sophie Chiara Klotz

(3) Erkennst du etwas wieder, kommen dir ein paar meiner Gedanken bekannt vor? Wenn ja, welche?

____

____

____

____

____

Male die Gedanken, Sorgen und Ängste bunt. Verleih ihnen Helligkeit und Farbe, egal wie komisch sich das anfühlt, mal es bunt!

So, nun sitzt du in dieser scheinbar aussichtslosen Situation. Findest einfach keinen Weg. Ich sag dir etwas, du solltest nicht nach der perfekten Lösung oder dem „richtigen" Weg suchen, so etwas gibt es nicht. Suche lieber nach dir, deinem glücklichen Ich, nach einer Perspektive und probiere alle Wege aus, bis dein Bauchgefühl dir sagt, dass du auf einem guten bist. Kombiniere Skills mit positiven Gedanken und lösungsorientierten Therapieangeboten. Finde heraus, welche Therapieform und welche Hilfsmittel dir wirklich helfen. Ein Arzt kann dir sagen, was helfen könnte, doch du als Individuum bist nicht, die Masse der Depressiven zu behandelnden, du hast vielleicht andere Sorgen, Symptome oder Ängste als die anderen. Eine Depression ist so komplex und um gesund zu werden, musst du dir Zeit nehmen. Du wirst nicht von heute auf morgen auf wundersame Weise geheilt. Es gibt nicht „das Medikament" oder „die Therapie", nein! Es geht um auf dich individuell angepasste Gespräche, für dich funktionierende Skills und positiver Input.

Ja, es kann sein, dass sich das Ganze heraus zögert und ja, es wird Momente geben, in denen du denkst, es wird nie besser, nichts und niemand kann dir helfen und du willst aufgeben, aber das machst du nicht! Du fühlst dich gefangen, eingesperrt in deinen Kopf und zu schwach, nach dem richtigen Weg zu suchen. Ich möchte nicht, dass auch nur eine Person, die ein Buch in der Hand hält, depressiv ist und/oder durch eine schwere Zeit geht, Teil einer nutzlosen Wikipediastatistik wird. Ich will das mit dir schaffen! Du bist nicht alleine! Ich baue auf dich! Es gibt schätzungsweise aktuell ca. eine Trillionen Lebewesen auf der Welt, das entspricht einer eins mit achtzehn Nullen, weißt du wie geil es ist, das ausgerechnet du ein Mensch mit so krassen kognitiven Fähigkeiten bist? Wusstest du, dass Menschen mit einem hohen IQ häufiger an psychischen Erkrankungen leiden, als Menschen mit einem durchschnittlichen oder gar niedrigen IQ? Was in keinem Fall implizieren soll, dass psychisch gesunde Menschen dumm wären. Es betrifft nur häufiger Menschen mit einer ausgeprägten Wahrnehmung und einem Feingefühl für verschiedene Dinge. Auch Hochsensibilität kann eine der tausend möglichen Ursachen sein. Es gibt also viele Gründe und Faktoren, die eine Depression auslösen können und viel, was ineinander spielt. Also, das einzige was du dir vor Augen führen musst, ist, dass du KEINE Schuld an deiner Situation hast! Aber lass mich raten, du gibst dir oft die Schuld für deine Situation, oder?

(4) Sag mir bitte, was sind die ersten beiden Gedanken, die du hast, wenn du an deine Situation denkst?

____

____

Nun male bitte einen Daumen runter neben deine Gedanken, denn eines kann ich dir sagen, du hast keine Schuld! Lass die Gedanken frei.

Deine Selbstzweifel und die Wut auf dich sind riesig, oder?
Bei mir war das so.. oh was habe ich mich gehasst.
Stundenlang Vorwürfe gemacht, weil ich die Wäsche
vergessen oder den Müll nicht raus gebracht habe. Ich bin
jemandem unabsichtlich auf den Fuß getreten und
schwups, hallo Selbstverletzungsdruck.
Der Selbstverletzungsdruck war mein ständiger Begleiter.
Ob bei Selbsthassgedanken, einem vollen Kopf oder
Emotionsleere, der Druck war stark. Zu oft bin ich ihm
nachgegangen und wurde dafür verurteilt, immer an einer
Stelle, an der es kaum einer sehen kann, doch dann kam der
Sommer und das Verstecken wurde schier unmöglich und

alle verurteilten mich. Wie oft hätte ich versprechen sollen, dass ich es nicht mehr mache oder Bescheid sage, bevor ich es tue. Aber nein! Das ist der falsche Weg. Klar, Selbstverletzung sollte man nie schön reden und klar, ist das definitiv auch kein richtiger Weg, aber Schuldgefühle,

Belehrungen oder Konsequenzen sollte es nicht mit sich bringen, da man sich in einer aussichtslosen Lage befindet und leider scheint es oft eine Lösung zu sein, dem Druck nachzugehen, um wieder etwas zu spüren, den Kopf zu leeren oder gar den Suizidgedanken entgegen zu steuern. Ich möchte dich auf keinen Fall dazu animieren oder es für gut heißen, wenn du das machst. Nein. Aber fühle dich nicht schlecht oder schwach, wenn du dem Druck nachgehst. Versuche lieber in dich zu hören, ist das der Verlust deiner Impulskontrolle? Ist es eine Eigenbestrafung? Was kannst du dagegen tun? Mir haben Skills wie beispielsweise Chilibonbons, Gummibänder, Impulsgeräte oder Düfte geholfen. Auch Skillringe und Ablenkung durch Malen oder Musik haben mir wirklich sehr geholfen, meinen Druck besser zu zügeln. Es kann sein, dass dir davon nichts hilft, aber das Gute in der heutigen Zeit ist, du hast so viele verschiedene Skills auf dem Markt, vielleicht ist ja etwas dabei.
Natürlich sind Skills keine Lösung auf Lebenszeit, das ist klar, aber sie schenken dir eventuell Zeit, um die Ursache für den Druck zu finden und mit Hilfe von Therapeuten oder Psychologen zu bekämpfen. Teste es!

(5) Kennst du den Druck, von dem ich spreche?

———————

(5.1) Wenn ja, gehst du ihm nach?

————————

(5.2) Wenn ja, wie?

____

____

____

____

Ich bin sehr stolz auf dich, dass du es zulässt, dich damit auseinander zu setzen. Ich weiß, wie schwer das ist. Wir schaffen das, ich glaube an dich!

(6) Die Zeit ist hart, alles ist dunkel, doch kannst du dich noch an das letzte Mal erinnern, als du so richtig glücklich warst? Ein Tag, an dem du aus vollem Herzen gelacht hast?

() Ja () Nein

(6.1) Wenn Ja, was hat dich so glücklich gemacht? Eine
Person, eine Situation, ein Erfolg? Was war es?

____

____

____

____

(6.2) Was macht dich so richtig
glücklich?

____

____

____

____

Ich weiß, das zu lesen, sich damit auseinanderzusetzen, zu schreiben und über solche Probleme, Situationen und Sorgen nachzudenken, schlaucht ganz schön, doch glaube mir, es wird dir helfen. Mach ruhig zwischendurch eine Pause, erlaube dir, mal durchzuatmen, erlaube dir, zu schlafen oder dass es dir mal nicht so gut geht.

Lass zu, was dein Körper verlangt, doch kämpfe gegen das Monster in dir, denn es will dir nichts Gutes. Du als dein größter Gegner, deine Gedanken, dein Feind. Du denkst, du wärst zu schwach, um den Kampf gegen das Monster zu gewinnen? Bullshit, das redet dir das Monster ein. Doch stell dir das Monster mal vor. Groß, dunkel, böse.. doch wie sähe es mit Schnurrbart, Hut oder einem Lolli in der Hand aus? Mit zotteligen Haaren oder pinker Tasche? Es kann dir nichts anhaben, es ist nur in deinem Kopf, es sind die Depressionen und die daraus resultierenden Gedanken. Verbanne das Monster! Du kannst das!

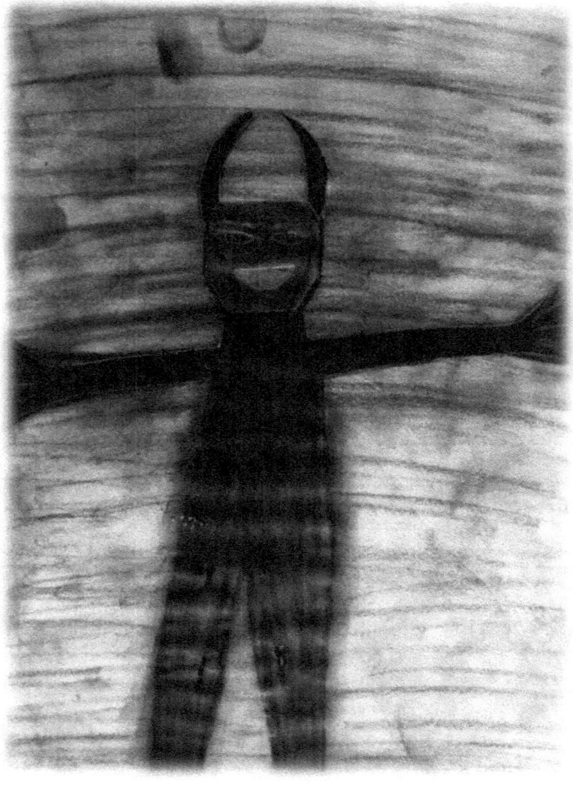

(7) Male das Monster lustig, so dass du keine Angst mehr
davor haben musst. Stell es dir ganz klein und hilflos vor:

(7.1) Was sagt das Monster? Was spricht, befiehlt es oder
wo leitet es dich hin?

____

____

Ich glaube fest an uns. Wir besiegen das Monster und
sorgen dafür, dass es nur ein Begleiter der Vergangenheit
wird. Jeden Tag werde ich fester und fester an dich, mich
und alle Betroffenen glauben. Auch wenn die Welt uns in
Schwarz ganz vertraut scheint, garantiere ich dir, dass wir
sie wieder bunt sehen werden und uns so wohl fühlen
werden wie nie, denn wir sind stark und werden mit jedem
Versuch, etwas zu verändern, den Weg zu finden oder zu
uns zurückzukehren (egal ob erfolgreich oder nicht) stärker
und stärker, auch wenn du das noch nicht fühlst, ich spüre
deine Stärke bis hier! Vergiss nicht, du bist nicht alleine.
Steh zu deinen Problemen, nur so kann dir geholfen
werden, egal, ob andere dich verstehen oder verurteilen,
nicht daran glauben oder so. Sei froh, dass sie es weder
wahrhaben wollen, noch nachvollziehen können, denn das
heißt, sie waren noch nie in dieser Situation. Denk bitte
immer daran und vergiss nie, egal was du denkst oder was
dein Kopf dir sagt, du bist es wert, zu leben. Und mit leben
meine ich nicht nur, dass du noch atmest sondern erleben!
Erlebe dein Dasein! Du bist es wert!

Du kannst nur zurück zu dir und aus der Scheiße raus
finden, wenn du dazu stehst und alle Wege testest, die dich
aus der Dunkelheit führen können.

Ich weiß, es scheint aktuell unmöglich, aber wir finden den Weg! Ich glaube an dich! Und vergiss nicht: DU BIST NICHT ALLEINE!Fühl dich gedrückt, Sophie Chiara Klotz.

Zusatz: Wenn dir danach ist, schreibe mir doch gerne, deine Geschichte oder was dich gerade bewegt. Gerne auch konstruktive Kritik oder einfach nur „Hey!" Ich bin für dich da.

Im Folgenden kannst du noch mal ein paar Gedanken aufschreiben, die du jetzt hast, um sie nicht im Kopf tragen zu müssen:

Oder du malst ein Bild zu Deinen Gedanken ——————>

Sophie Chiara Klotz